채지충의 만화로 보는 동양철학
1

옮긴이 이신지
이화여자대학교 중어중문학과를 졸업했다.
중국인민대학교에서 중문학을 공부하고 번역 활동 등을 하고 있다.

漫畫儒家思想 (Confucianism in Comics)
Copyright ⓒ 2012 by Tsai Chih-Chung
Korean Translation Copyright 2024 by DULNYOUK Publishing Co.
This translation is published by arrangement with Locus Publishing Company through SilkRoad Agency, Seoul, Korea.
All rights reserved.

이 책의 한국어판 저작권은 실크로드 에이전시를 통해 Locus Publishing Company와 독점 계약한 도서출판 들녘에 있습니다. 저작권법에 의해 한국 내에서 보호를 받는 저작물이므로 무단 전재와 복제를 금합니다.

채지충의 만화로 보는 동양철학 · 1
논어 불멸의 가르침
ⓒ 들녘 2024

초판 1쇄   2024년 12월 30일

지은이	채지충(蔡志忠)			
옮긴이	이신지			
출판책임	박성규	펴낸이	이정원
편집주간	선우미정	펴낸곳	도서출판 들녘
기획이사	이지윤	등록일자	1987년 12월 12일
편집	이수연·이동하·김혜민	등록번호	10-156
표지 디자인	하민우	주소	경기도 파주시 회동길 198
마케팅	전병우	전화	031-955-7374 (대표)
경영지원	김은주·나수정		031-955-7384 (편집)
제작관리	구법모	팩스	031-955-7393
물류관리	엄철용	이메일	dulnyouk@dulnyouk.co.kr

ISBN   979-11-5925-908-1 (07150)
세트   979-11-5925-907-4 (07150)

값은 뒤표지에 있습니다. 잘못된 책은 구입하신 곳에서 바꿔드립니다.

논어

불멸의 가르침

채지충의 만화로 보는 동양철학 · 1

채지충(蔡志忠) 지음 · 이신지 옮김

들녘

서문

동양문화사상의 성찰

채지충

20세기는 인류 문명사상 가장 위대한 세기로, 물리·과학·기술 등 모든 면에서 놀라운 성과를 거둔 시기입니다. 제가 대여섯 살 때만 해도 마을에 있는 구멍가게에 가서 등유를 사다가 등불을 켜고, 운동화 끈을 짧게 잘라 심지로 삼았던 기억이 납니다. 몇 년 지나지 않아 온 마을에 전등이 생겼습니다. 한 집에 작은 라디오 한 대뿐이던 것이, 저마다 집에 텔레비전이 있고, 이제는 모든 사람이 컴퓨터를 가지고 있는 것으로 발전했습니다. 2~3천 년 전 농업사회에서 급변하는 현대 산업 및 상업사회로 단숨에 변모했지요. 저는 제가 이 고도 비약적인 시대에 자랄 수 있어서 다행이라고 생각합니다. 저도 시대의 발전에 발맞추어 성장하여, 산과 산 사이에 있는 작은 마을에서 타이베이에 있는 큰 도시로 이사했습니다. 경제학에서는 변화하는 시대에 기회가 가장 많고 인재를 가장 많이 배출한다고 하였습니다.

저는 어릴 적부터 가톨릭 신자로 세례를 받았습니다. 성당에 미키마우스, 뽀빠이 등 컬러만화가 많이 있었고, 가톨릭 교리반 교과서도 만화였습니다. 오가면서 자연스럽게 만화와 친숙해졌고, 훗날 만화가로 거듭나게 된 것이 아닐까 싶습니다. 열다섯 살 때 만화를 업으로 삼았고, 서른여섯 살 이후에는 붓을 잡고 그림을 다시 그렸습니다. 이어 『만화유가사상』『만화불학사상』『시경』『만화도가사상』『만화선종사상』을 작업하였습니다.

많은 사람이 "왜 이런 소재를 만화로 그렸느냐?"라고 제게 묻습니다. 그럴 때면 저는 항상 이렇게 대답합니다.

"문화사상은 영원히 변하지 않는 보편적인 가치입니다. 동양인의 피가 흐르는 사람이라면 일생에 노장공맹과 불학 경전을 몇 권 정도는 읽어야만 동양의 후손이라 하기에 손색이 없지요."

얇은 만화책 한 권이 이토록 심오한 삶의 철학을 어떻게 설명할 수 있겠습니까? 저는 책 한 권으로 모든 진리를 말하려 하지 않았습니다. 독자 또한 책 한 권으로 모든 것을 통달하여 박사가 되리라고는 결코 기대하지 않습니다. 저는 그저 한 시간 동안 만화책 한 권을 다 볼 수 있도록 하고 이와 동시에 동양 사상에 대한 개략적인 이해를 돕고, 나아가 흥미와 자발적인 학습으로 이어질 수 있기를 바랍니다.

'만화 중국 제자백가사상'은 전 세계 21개 언어, 45개 판본으로 번역 출간되었습니다. 저는 이 책이 잘 팔리는 이유가 결코 저 때문이라고 생각하지 않습니다. 만화라서, 중국 사상이라서가 아니라 만화로 동양 사상을 서술하기 때문이라는 것을 압니다. 깊은 철학, 불학, 선학을 알기 쉽게 표현했기에 대중의 관심을 받았다고 생각합니다.

한 학자는 "춘추시대에는 『시경』, 전국시대에는 『초사』, 한나라에는 부(賦)가 있었고 그 뒤에 당시, 송사, 원곡이 있었다. 오늘의 대표 언어는 무엇인가? '애니메이션'이 오늘의 언어라고 생각한다"라고 말했습니다.

과장된 말이라고 생각하는 분도 있겠지만, 저는 이 학자의 말이 맞을 가능성이 높다고 생각합니다. 비틀즈, 롤링 스톤스, 비지스가 처음 등장했을 때 그들의 음악을 못마땅해하는 사람이 많았지요. 그러나 지금은 어떠한가요, 이들의 록 팝은 바하, 모차르트, 베토벤과 함께 존경받는 고전이 되었습니다. 애니메이션이 21세기 문화를 대표하는 것은 불가능한 일이 아닙니다. 300년 후 스타워즈는 20세기 고전이 될 것입니다. 스타워즈는 단순히 영화 시리즈에 그치지 않고 다양한 매체로 확장되었습니다. 애니메이션 시리즈, 소설, 만화, 게임 등으로 넓어진 세계관은 더욱 풍부해졌지요. 앞으로의 문학 대작은 영화, 애니메이션, 만화에서 나올 수도 있습니다. 지금 우리가 접하는 영화, 애니메이션, 만화가 앞으로 미래세대에 고전이 될지 아닌지는 오늘날 우리가 알 수 있는 것이 아닙니다. 이는 후세에 의해 평가되어야 합니다.

중국 제자백가(諸子百家)와 불학·선종(禪宗) 사상은 동양문화의 근간으로 여겨집니다. 그러니 의도적인 수행 외에 일상생활의 행주좌와(行住坐臥) 즉 다니고, 머물고, 앉고 눕는 인간의 행동 사이사이에는 한번에 알아차릴 수 있는 문화가 없고 그 사이에 존재하는 인간 의식의 흐름을 남기기란 어렵습니다. 더구나 급격한 변화의 시대에 한 사람은 자신의 입장이 없으면 세태의 변화에 의해 자신을 잃기 쉽습니다. 오늘날 컴퓨터 네트워크의 발전은 아직 한창입니다. 모두가 이 변혁의 시대에 자신의 아이디어를 가지고 성공하고 싶어 하지요. 이러한 공감대는 헛된 망상이 아닙니다. 문화적으로 자신만의 생각을 가진 사람은 자신의 꿈을 더욱 쉽게 완수하고, 미래에 더 큰 우위를 점할 수 있습니다.

시대는 영웅을 창조하고, 영웅은 시대를 창조합니다.
여러분이 미래에 영향을 미치는 중요한 역할을 해내기를 기원합니다.

목차

서문 … 4

공자의 일생 … 11

논어 1: 인자의 가르침 … 54

배움과 친구와 군자 _제1편 학이 1장 … 55
하루 세 가지 반성 _제1편 학이 4장 … 56
덕으로 정치해야 한다 _제2편 위정 1장 … 57
공자 학문의 발달 _제2편 위정 4장 … 58
안다고 하는 것 _제2편 위정 17장 … 59
예란 무엇인가? _제3편 팔일 15장 … 60
고삭제의 양 _제3편 팔일 17장 … 61
도에 뜻을 둔 선비 _제4편 이인 9장 … 62
실력을 기르다 _제4편 이인 14장 … 63
어진 자를 보면 _제4편 이인 17장 … 64
부모에게 걱정끼치지 않는다 _제4편 이인 19장 … 65
덕은 외롭지 않다 _제4편 이인 25장 … 66
공자가 자공에게 안회에 대해 묻다 _제5편 공야장 9장 … 67
썩은 나무는 조각할 수 없다 _제5편 공야장 10장 … 68
자공이 공자에게 묻다 _제5편 공야장 15장 … 69
교언영색 _제5편 공야장 25장 … 70
공자와 제자들의 소망 _제5편 공야장 26장 … 71
배우기를 좋아하다 _제5편 공야장 28장 … 72
안회 _제6편 옹야 2장 … 73
진정한 즐거움 _제6편 옹야 9장 … 74
지혜로운 사람과 어진 사람 _제6편 옹야 21장 … 75
서술하되 창작하지 않는다 _제7편 술이 1장 … 76
배우고 가르침에 어려움이 있으랴 _제7편 술이 2장 … 77
언제나 주공을 생각한다 _제7편 술이 5장 … 78
군자가 갖추어야 할 덕목 _제7편 술이 6장 … 79
가르침에 차별이 없다 _제7편 술이 7장 … 80
분발하지 않는 자는 가르치지 않는다 _제7편 술이 8장 … 81
의롭지 못한 부귀는 뜬구름 _제7편 술이 15장 … 82

태어날 때부터 안 것이 아니다 _제7편 술이 19장	83
세 스승 _제7편 술이 21장	84
성인의 어진 마음 _제7편 술이 26장	85
증자의 세 가지 도 _제8편 태백 4장	86
배움의 태도 _제8편 태백 17장	87
배움은 쉬지 않고 _제9편 자한 16장	88
배움과 젊음 _제9편 자한 22장	89
세 가지 덕 _제9편 자한 28장	90
사람에 대해 묻다 _제10편 향당 12장	91
삶을 모르는데 죽음을 알겠는가 _제11편 선진 11장	92
지나침과 모자람 _제11편 선진 15장	93
공자가 제자를 평하다 _제11편 선진 17, 18장	94
자기를 이겨내고 예로 돌아가다 _제12편 안연 1장	95
형제란? _제12편 안연 5장	96
믿음 _제12편 안연 7장	97
군자와 소인 _제12편 안연 16장	98
학문과 예로 친구를 사귄다 _제12편 안연 24장	99
자신을 올바르게 세우다 _제13편 자로 13장	100
정치의 도리 _제13편 자로 17장	101
치욕의 뜻 _제14편 헌문 1장	102
완성된 인물이란? _제14편 헌문 13장	103
참된 선비의 모습 _제14편 헌문 21장	104
말과 실천 _제14편 헌문 29장	105
자공이 사람을 비평하다 _제14편 헌문 31장	106
재주보다 덕 _제14편 헌문 35장	107
원한과 은혜 _제14편 헌문 36장	108
하늘이 나를 알아준다 _제14편 헌문 37장	109
문지기가 묻다 _제14편 헌문 41장	110
사회의 좀 _제14편 헌문 46장	111
강직한 사어와 도에 맞게 처신한 거백옥 _제15편 위령공 6장	112
인을 닦는 방법 _제15편 위령공 9장	113
멀리 생각하라 _제15편 위령공 11장	114
행동의 지침 _제15편 위령공 23장	115
배우는 것만 못하다 _제15편 위령공 30장	116
인을 실천할 때 _제15편 위령공 35장	117
군자가 경계해야 할 세 가지 _제16편 계씨 7장	118

군자의 아홉 가지 깊은 생각 _제16편 계시 10장 … 119
덕행으로 살다 _제16편 계씨 12장 … 120
후천적 환경 _제17편 양화 2장 … 121
미덕 속의 폐단 _제17편 양화 8장 … 122
군자는 겉과 속이 같다 _제17편 양화 12장 … 123
가르치는 데에도 방법이 있다 _제17편 양화 20장 … 124
마음 쓸 데가 없는 것은 좋지 않다 _제17편 양화 22장 … 125
소인은 다루기 힘들다 _제17편 양화 25장 … 126
사십에도 덕망이 없으면 _제17편 양화 26장 … 127
상나라의 위대한 인자 _제18편 미자 1장 … 128
접여의 노래 _제18편 미자 5장 … 129
천하에 도가 없는 난세에는 도로써 세상을 바꾸려고 현실에 뛰어든다: 제18편 미자 6장 … 130
군자의 잘못 _제19편 자장 21장 … 133

공자의 제자들 … 134
안회(顔回) … 136
민손(閔損) … 137
염옹(冉雍) … 138
중유(仲由) … 139
재여(宰予) … 140
단목사(端木賜) … 141
복상(卜商) … 142
담대멸명(澹臺滅明) … 143
증삼(曾參) … 144
유약(有若) … 145
남궁괄(南宮括) … 146
공서적(公西赤) … 147

논어 2: 유학자의 당부 … 149
인의 근본은 효도와 경애 _제1편 학이 2장 … 150
나라를 다스리는 세 가지 방법 _제1편 학이 5장 … 151
지보다 덕 _제1편 학이 6장 … 152
군자의 태도 _제1편 학이 8장 … 153
백성의 덕성이 두터워지려면 _제1편 학이 9장 … 154
남을 알지 못함을 걱정하다 _제1편 학이 16장 … 155
정치는 덕으로! _제2편 위정 3장 … 156

효도란? _제2편 위정 7장 · · · · · 157
옛것을 익히고 새것을 배우면 _제2편 위정 11장 · · · · · 158
말보다 실행 _제2편 위정 13장 · · · · · 159
군자와 소인 _제2편 위정 14장 · · · · · 160
배움과 생각 _제2장 위정 15장 · · · · · 161
이단 _제2편 위정 16장 · · · · · 162
다툼에도 예의가 있다 _제3편 팔일 7장 · · · · · 163
임금과 신하의 도리 _제3편 팔일 19장 · · · · · 164
환경의 중요성 _제4편 이인 1장 · · · · · 165
어진 사람의 즐거움 _제4편 이인 2장 · · · · · 166
어진 자라야 선악을 안다 _제4편 이인 3장 · · · · · 167
인에 뜻을 세운 자 _제4편 이인 4장 · · · · · 168
도를 깨달으면 _제4편 이인 8장 · · · · · 169
오로지 정의를 따를 뿐이다 _제4편 이인 10장 · · · · · 170
이익만 따르면 원망을 산다 _제4편 이인 12장 · · · · · 171
군자는 의(義)에 밝고 소인은 이(利)에 밝다 _제4편 이인 16장 · · · · · 172
언행일치 _제4편 이인 22장 · · · · · 173
굳센 사람을 보지 못했다 _제5편 공야장 11장 · · · · · 174
군자의 도 _제5편 공야장 16장 · · · · · 175
죄를 미워하되 사람은 미워하지 않아야 _제5편 공야장 23장 · · · · · 176
공자의 한탄 _제5편 공야장 27장 · · · · · 177
바탕과 겉꾸밈의 조화 _제6편 옹야 16장 · · · · · 178
즐기는 사람 _제6편 옹야 18장 · · · · · 179
널리 배우고 예로 지키다 _제6편 옹야 24장 · · · · · 180
인자란? _제6편 옹야 27장 · · · · · 181
공자의 근심거리 _제7편 술이 3장 · · · · · 182
무도하다면 안빈낙도하겠다 _제7편 술이 11장 · · · · · 183
불손과 고루 _제7편 술이 35장 · · · · · 184
군자와 소인의 차이 _제7편 술이 36장 · · · · · 185
선비가 가는 길은 _제8편 태백 7장 · · · · · 186
이익과 운명과 인덕 _제9편 자한 1장 · · · · · 187
뜻 _제9편 자한 25장 · · · · · 188
인이란? _제12편 안연 2장 · · · · · 189
정치는 바르게 잡는 것 _제12편 안연 17장 · · · · · 190
벗을 사귈 때 _제12편 안연 23장 · · · · · 191
솔선수범하라 _제13편 자로 1장 · · · · · 192

정치가의 올바름 _제13편 자로 6장	193
인으로 살다 _제13편 자로 19장	194
화이부동 _제13편 자로 23장	195
군자와 소인 _제13편 자로 26장	196
빈부 _제14편 헌문 11장	197
실천 _제14편 헌문 21장	198
남에게 알리기 위해 공부하는 것이 아니다 _제14편 헌문 25장	199
사람과 말을 잃지 않아야 _제15편 위령공 7장	200
말에 의가 미치지 않으면 _제15편 위령공 16장	201
군자는 공정하다 _제15편 위령공 22장	202
진실성과 인내 _제15편 위령공 26장	203
군중심리에 쏠리면 이성을 잃기 쉽다 _제15편 위령공 27장	204
도를 넓게 전파하라 _제15편 위령공 28장	205
자기 잘못을 깨닫고 고치려 힘써야 한다 _제15편 위령공 29장	206
작은 신의를 지키려고 스스로 도랑에 빠지지 말라! _제15편 위령공 36장	207
유익한 벗과 해로운 벗 _제16편 계씨 4장	208
자포자기한 인간은 최하등이다 _제16편 계씨 9장	209
덕을 도둑질하는 자들 _제17편 양화 13장	210
안 것을 사색하고 음미하지 않으면 덕을 버리는 것과 같다 _제17편 양화 14장	211
비루한 사람과는 _제17편 양화 15장	212
공자가 미워하는 것 _제17편 양화 18장	213
선비가 되려면 _제19편 자장 1장	214
날마다 배우며 달마다 익힌다 _제19편 자장 5장	215
자하가 말하길 _제19편 자장 6장	216
신임이 먼저다 _제19편 자장 10장	217
큰 덕과 작은 덕 _제19편 자장 11장	218
후기	219

공자의 일생

주(周) 영왕 21년, 기원전 551년, 공자(孔子)는 노(魯)나라 창평향(昌平鄕)에서 태어났다.

부친은 공숙량흘(孔叔梁紇)인데, 키가 10척이며, 무예가 뛰어났다. 첫째 부인은 딸을 아홉 낳았고, 첩은 아들을 하나 낳았는데 장애가 있었다.

그리하여 64세 이후에 다시 안씨(顔氏)와 결혼하여 공자를 낳았다.

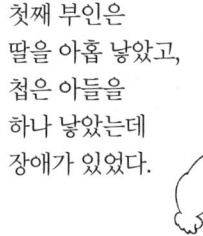
공자가 세 살 때, 아버지가 돌아가셨다.

공자는 어렸을 때 자주 각종 제기(祭器)를 차리고 놀았으며,

제사를 지낼 때 어른들이 행하는 예법을 따라 배웠다.

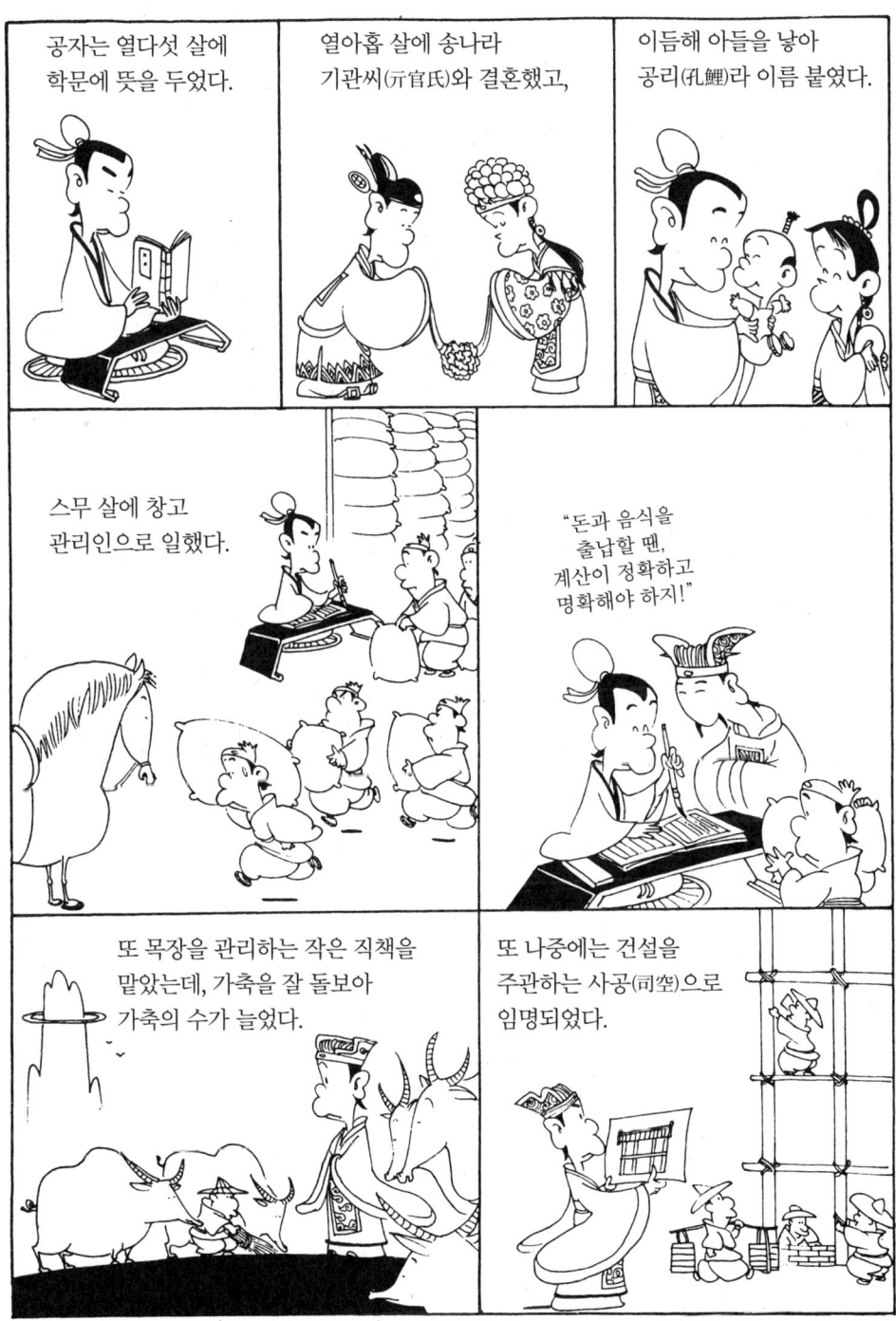

노소공은 국외로 내몰려 칠 년을 방랑하다 결국 국외에서 죽었고, 노정공이 즉위하였다.

정공은 정치권력이 전혀 없었고, 모든 것이 계손씨, 숙손씨, 맹손씨 즉 삼환의 통제하에 있었다.

노나라의 대권을 장악한 계손씨는 그의 가신 양화에게 속수무책이었다.

노정공 5년, 양화가 정변을 일으키고 계환자의 지위를 대신하였다.

노군을 협박하고 반대세력을 추방하여 노나라의 독재자가 되었다.

공자는 예의를 지키지 않는 정권에서 관직을 맡고 싶지 않았다. 때문에 은퇴하여 집에서 시, 서예, 예절, 음악 공부에 전념했다.

공자는 평소에는 수사(洙泗)에서 강의하고,
문인들을 가르쳤는데,

빈부귀천을 가리지 않고 학생들을 모두 받고,
재능에 따라 가르쳤다.

네 가지 가르침은 다음과 같다.
문(文), 행(行), 충(忠), 신(信)

또 엄중히 세우기를,

격물(格物, 사물을 바로잡음),
치지(治知, 지식을 이룸),
성의(誠意, 뜻을 성실히 함),
정심(正心, 마음을 바르게 함),
수신(修身, 몸을 닦음),
제가(齊家, 가정을 다스림),
치국(治國, 나라를 다스림),
평천하(平天下, 천하를 평정함).

이것들을 배움,
인격 수립, 세상살이의
8대 원칙(8조목)으로 삼는다.

7일 후 공자는 세상을 떠났다.

노나라 애공 16년 4월 기축일, 그의 나이 73세였다.

사마천(太史公)은 이렇게 기록하였다.

"『시경』에 '숭고하고 험준한 높은 산은 우리가 우러러 보는 대상이고, 위대한 덕은 우리가 본받아야 할 것이다'라는 구절이 있다.

공자는 평범한 베옷을 입은 사람으로서 수십 세대에 걸쳐 영향을 미쳤다. 지식인 중 공자를 스승으로 여기지 않은 사람이 없으니, 진정 최고로 존엄한 성인이라 할 수 있다!

논어 1

- 인자의 가르침 -

배움과 친구와 군자

- 제1편 학이 1장 -

지식을 배워서 필요한 때에 실행한다면 매우 기쁜 일이 아닌가?

친구가 멀리서 찾아오니 이 또한 즐거운 일이 아닌가?

남이 나를 알아주지 않아도 노여워하지 않으면 수양이 잘된 군자가 아니겠는가?

하루 세 가지 반성

- 제1편 학이 4장 -

증자(曾子)는
매일 세 가지로
자신을 반성한다고 했다.

다른 사람을 위해 일할 때
충실하였는가?

벗과 사귀면서 신의를 지켰는가?

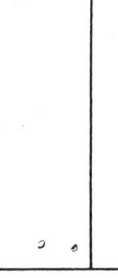
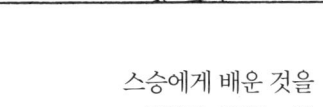

스승에게 배운 것을
열심히 익혔는가?

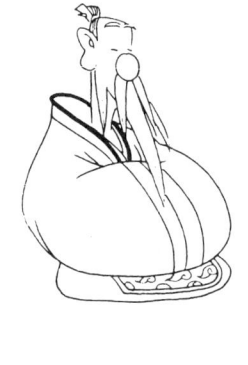

덕으로 정치해야 한다

- 제2편 위정 1장 -

나라를 다스릴 때는 덕(德)으로 백성을 감화해야 한다.

그리하면 백성이 모두 와서 한결같이 따를 것이다.

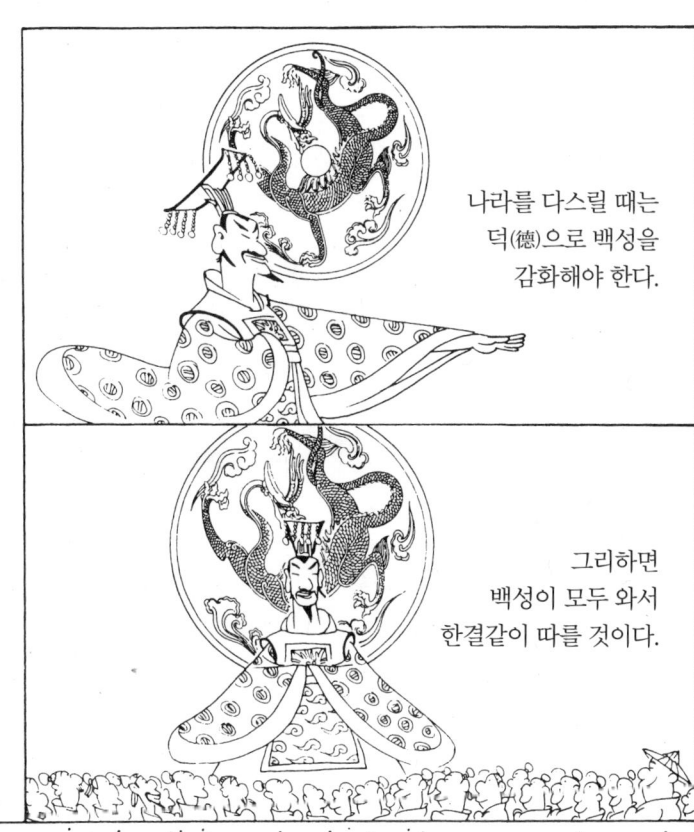

이는 마치 북극성이 제 자리에 조용히 있고 많은 별이 그 북극성을 중심으로 도는 것과 같도다.

# 공자 학문의 발달

- 제2편 위정 4장 -

나는 열다섯 살에 학문에 뜻을 두었고

서른이 되어서는 배운 바를 굳게 지켜 뜻을 세웠다.

마흔에는 일을 처리하는 것과 이치를 이해하는 데 모르는 것이 없게 되었고

오십에는 하늘을 원망치 않고 남을 탓하지 않게 되었으며

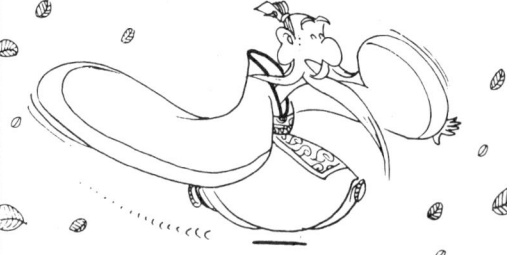

예순 살에는 사람의 말만 듣고도 곧 그 말의 시비와 그 사람의 인품을 알게 되었으며

일흔 살이 되니 무슨 말이나 행동, 생각을 해도 법도에 어긋나지 않았다.

예란 무엇인가?

- 제3편 팔일 15장 -

공자는 주공(周公)의 묘에 들어가 제사를 도우면서 의례에 대해 매사 남들에게 물었다.

누가 저 추 지방 출신 아들이 예(禮)를 안다 했는가? 주공의 묘당에까지 와서 매사 어리석게 이것저것 묻는구나.

모든 일을 물어보고 겸허하게 스스로를 내세우지 않으니, 이것이 바로 예이다!

고삭제의 양

- 제3편 팔일 17장 -

도에 뜻을 둔 선비

- 제4편 이인 9장 -

도를 구하기로 뜻을 세운 선비가

낡은 옷 입는 것과

거친 음식 먹는 것을 부끄러워한다면

어찌 그런 사람과 도를 의논할 수 있겠는가?

어진 자를 보면

- 제4편 이인 17장 -

어질고 덕이 있는 사람을 보면 그를 본받고 싶다고 생각해야 하며,

어질지 못한 사람을 보면

자신도 그렇지 않은지 반성해야 한다.

혹시 그자와 같은 나쁜 행실이 없었는지 살펴야 한다.

덕은 외롭지 않다

- 제4편 이인 25장 -

덕이 있는 자는 외롭지 않나니

반드시 그와 뜻을 같이하는 자들이 와서 이웃이 되기 때문이다.

자공이 공자에게 묻다

- 제5편 공야장 15장 -

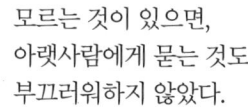

교언영색

- 제5편 공야장 25장 -

아첨하는 말을 꾸며내고
낯빛을 좋게 하며
지나치게 공손한 모습을
보이는 것을

좌구명(左丘明)은 부끄러워했는데
나 또한 부끄럽게 여긴다.

원망을 숨기고서
겉으로는 친한 척하는 것

이 또한 좌구명은
부끄럽게 생각하고,
나 또한 부끄러워한다.

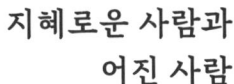

지혜로운 사람과 어진 사람

- 제6편 옹야 21장 -

지혜로운 사람은 사리에 통달하여 끊임없이 흐르는 물을 좋아하고

어진 사람은 의리를 편안히 여겨 중후하고 움직이지 않는 산을 좋아한다.

지혜로운 사람은 움직임을 좋아하고

어진 사람은 고요함을 좋아한다.

지혜로운 사람은 스스로 즐기며 살고

어진 사람은 담담하게 오래 산다.

서술하되 창작하지 않는다

- 제7편 술이 1장 -

나는 옛 것을 전해서 기술하되 꾸며 창작하지 않았다.

요, 순, 우, 탕, 문, 무 임금들의 도리를 돈독히 믿고 옛 문화를 좋아하기를

상(商)나라 때의 현명하고 어진 대부(大夫)인 노팽(老彭)에게 견주어본다.

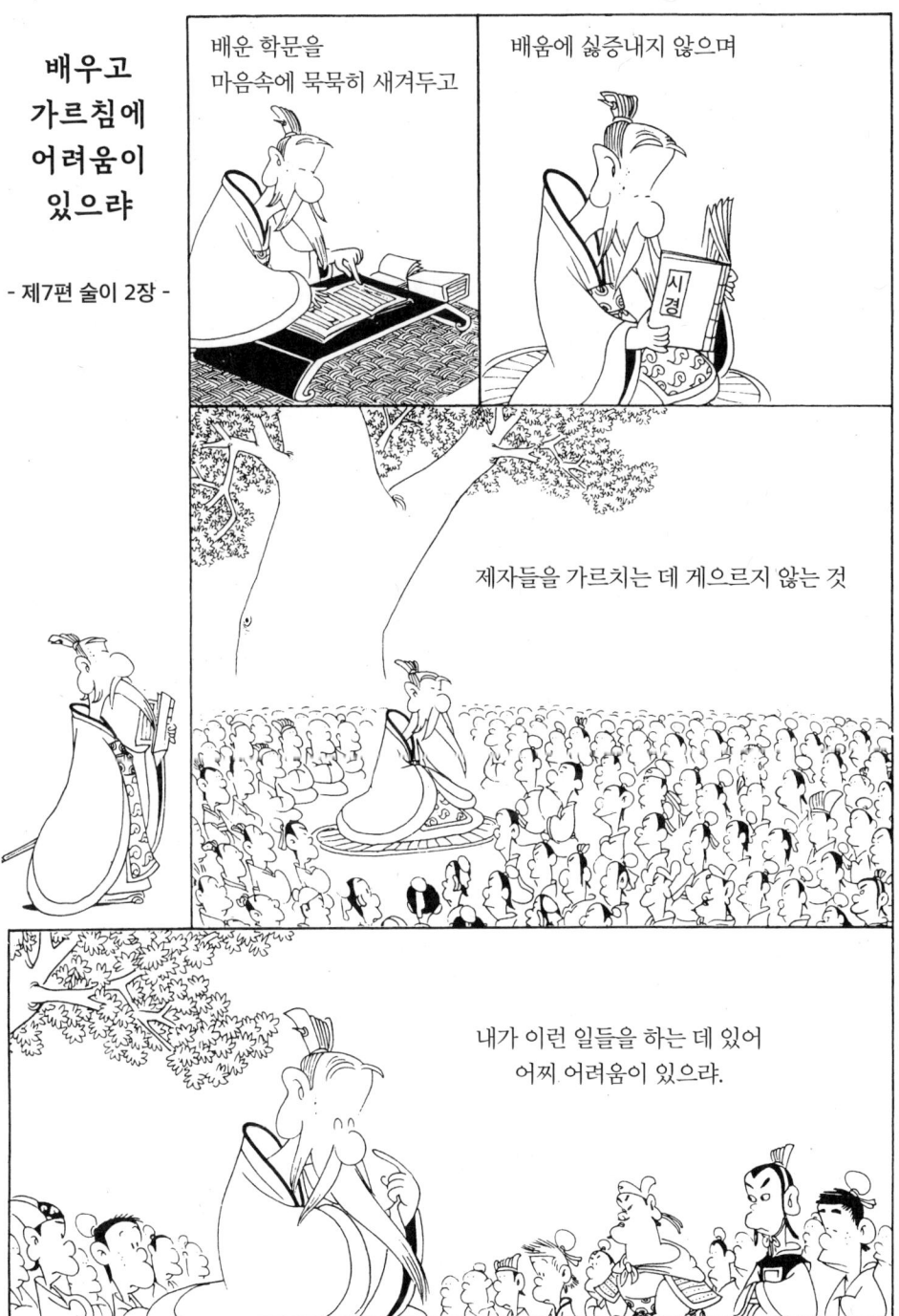

군자가 갖추어야 할 덕목

- 제7편 술이 6장 -

군자는 도에 뜻을 두고

일마다 덕을 근거해야 한다.

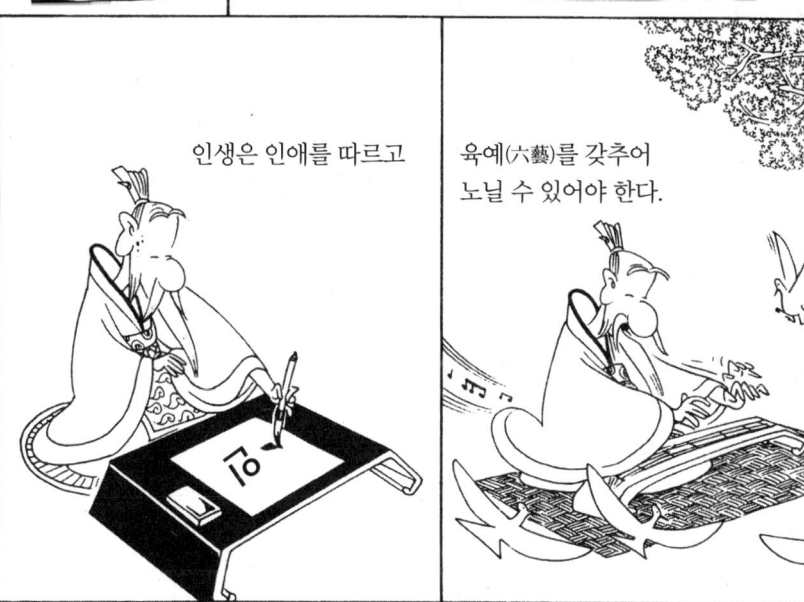

인생은 인애를 따르고

육예(六藝)를 갖추어 노닐 수 있어야 한다.

분발하지 않는 자는 가르치지 않는다

- 제7편 술이 8장 -

배우려고 분발하지 않으면 가르쳐주지 않고,

배움을 구하고자 애쓰지 않으면 이끌어주지 않으며,

한 모서리를 가르쳤는데,

나머지 세 모서리를 알지 못하는 자는 더는 가르치지 않는다.

배움의 태도

- 제8편 태백 17장 -

학문을 할 때는
열심히 해도 따라가지 못할까
걱정하고

다 배우고 나면
배운 것을 잃어버릴까 염려한다.

배움은 쉬지 않고

- 제9편 자한 16장 -

배움과 젊음

- 제9편 자한 22장 -

젊은 사람이라 하여 무시해서는 안 된다.

장래 그들이 지금의 우리만 못할 것이라고 어찌 알겠는가?

그러나 나이가 사오십이 되도록 성취한 것이 없다 해도

이 또한 두려울 것은 못 된다. 그러니 부디 노력하라!

세 가지 덕

- 제9편 자한 28장 -

지혜로운 사람은
의혹하지 않고

어진 사람은 걱정하지 않으며

용맹한 사람은 두려움이 없다.

공자가 제자를 평하다

- 제11편 선진 17, 18장 -

고시는 우직하고

증삼은 행동이 느리고 둔한 편이고

자장은 뜻이 너무 높아 편협하게 흐르고

중유는 용맹이 지나치다.

안회는 도를 어느 정도 깨달았으나 항상 가난하여 식량이 떨어질 정도였고,

단목사는 아무것도 배우지 않고 장사를 했지만 매번 시세 판단을 잘해 돈을 많이 벌었다.

형제란?

- 제12편 안연 5장 -

군자와 소인

- 제12편 안연 16장 -

군자는 다른 사람의 좋은 점을
도와 이롭게 하고,
나쁜 일은 돕지 않는다.

소인은 정반대다.

학문과 예로 친구를 사귄다

- 제12편 안연 24장 -

증자가 말하기를
군자는 학문과 예로써 친구를 사귀고

친구와 사귀면서 인덕을 수양한다.

자신을 올바르게 세우다

- 제13편 자로 13장 -

정치의 도리

- 제13편 자로 17장 -

공자께 정치하는 법을 물었다.

급히 서둘러 성과를 내려 하지 말며, 적은 이득을 꾀하지 말아라.

서두르면 일이 제대로 되지 못하고

적은 이득을 보고자 꾀하면 큰일을 이루지 못한다.

완성된 인물이란?

- 제14편 헌문 13장 -

장무중(臧武仲) 같은 지혜와

맹공작(孟公綽)의 욕심 없음과

변장자(卞莊子) 같은 용기와

염구(冉求)의 예술적 재능에다 예악을 잘 아는 자라면 완전한 인물이라 할 수 있다.

그러나 요즘에 이르러서는 꼭 그렇지 않더라도, 이익을 보면 의를 생각하고, 나라가 위태로울 때는 목숨을 바치며, 오래전 약속일지라도 평생 잊지 않으면 이 또한 완전한 인물이라 할 수 있다.

참된 선비의 모습

- 제14편 헌문 21장 -

큰소리치고도 부끄러워하지 않는 사람은

그것을 실천하기가 어렵다.

말과 실천

- 제14편 헌문 29장 -

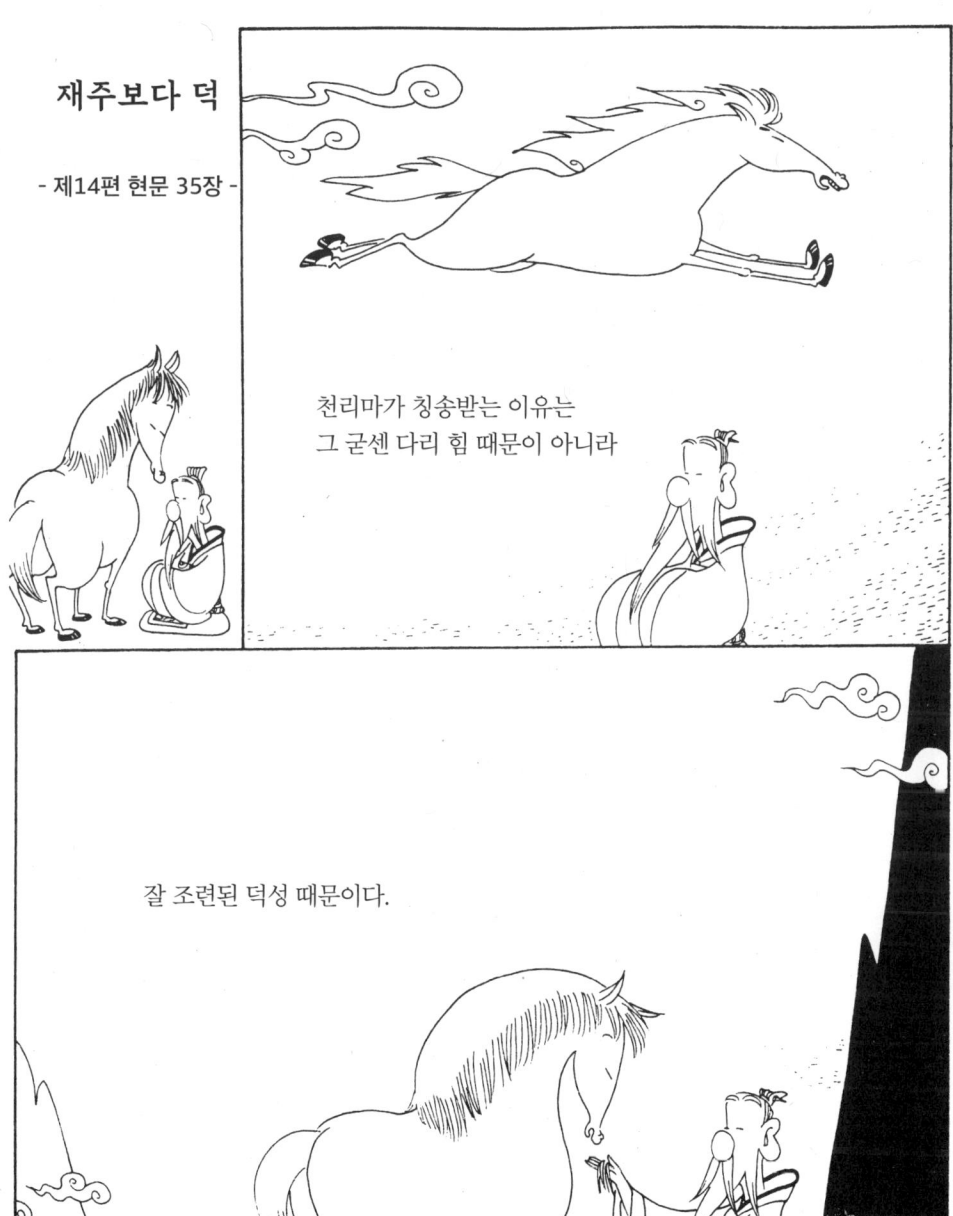

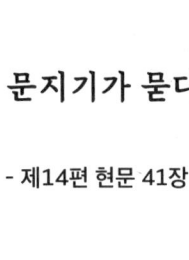

문지기가 묻다

- 제14편 헌문 41장 -

자로가 석문성 밖에서 하룻밤 자게 되었다.

여보게!

아, 안 될 줄 뻔히 알면서도 고집 부리는 그 사람 말이군요?

어디서 왔소?

공자 댁에 다녀오는 길이오.

강직한 사어와 도에 맞게 처신한 거백옥

- 제15편 위령공 6장 -

위나라 사람 사어(史魚)는 참으로 정직한 자다. 나라의 정치가 깨끗할 때는 곧은 화살처럼 충심을 다했으며,

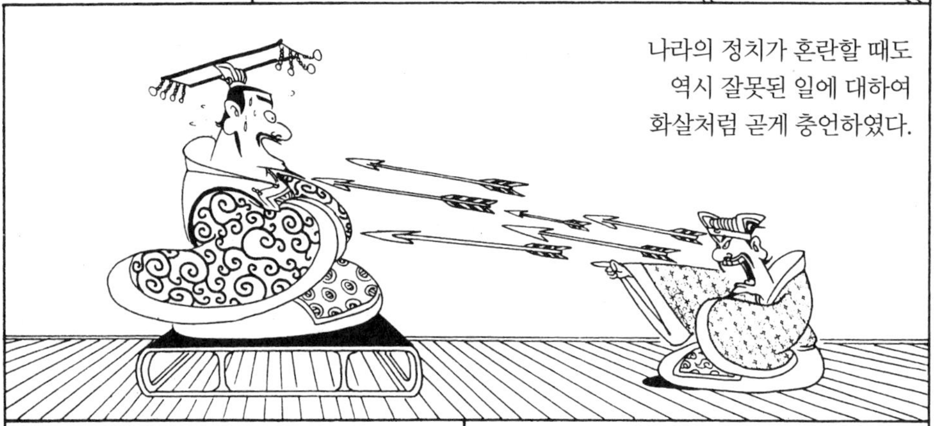

나라의 정치가 혼란할 때도 역시 잘못된 일에 대하여 화살처럼 곧게 충언하였다.

거백옥(蘧伯玉)은 가히 군자라 할 만하다. 나라의 정치가 깨끗할 때에는 나아가 벼슬을 하고,

정치가 혼란할 때에는 자기 재능을 숨기고 물러났다.

인을 닦는 방법

- 제15편 위령공 9장 -

장인이 일을 잘하려면 먼저 연장을 잘 갈아야 하듯

자공이 물었다.
"인덕을 어떻게 수양해야 합니까?"

어느 나라에 살든 현명한 관리 밑에 일하면서 인을 구현해야 하며

덕망 있는 선비들과 벗하며 어울려서 인을 수양해야 한다.

배우는 것만 못하다

- 제15편 위령공 30장 -

나는 일찍이 하루 종일 먹지도 않고

밤새도록 자지도 않고

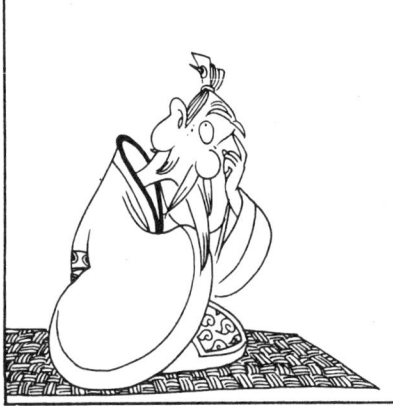
생각하고 또 생각해보았지만 아무 쓸모가 없었으니

배우는 것만 같지 못했다.

군자가 경계해야 할 세 가지

- 제16편 계씨 7장 -

군자가 경계할 세 가지가 있다. 젊어서는 혈기가 안정되지 않았으니 색욕을 경계해야 하고,

바야흐로 혈기가 완성된 장년에는 싸움을 경계해야 하며

늙어서는 혈기가 이미 쇠하였으니 탐욕을 경계해야 한다.

군자의 아홉 가지 깊은 생각

- 제16편 계시 10장 -

군자가 깊이 생각해야 할 아홉 가지가 있으니,

볼 때는 명백히 보았는지 생각하고

들을 때는 총명하게 들었는지 생각하고

표정이 부드러운지 생각하며

태도는 공손한지 생각하고

말할 때는 충실한지 생각하고

일할 때는 신중하고 성실한지를 생각하고

의혹이 생기면 질문을 생각하고

화가 날 때는 후환을 생각하고

이득을 보면 의로운가를 생각해야 한다.

덕행으로 살다

- 제16편 계씨 12장 -

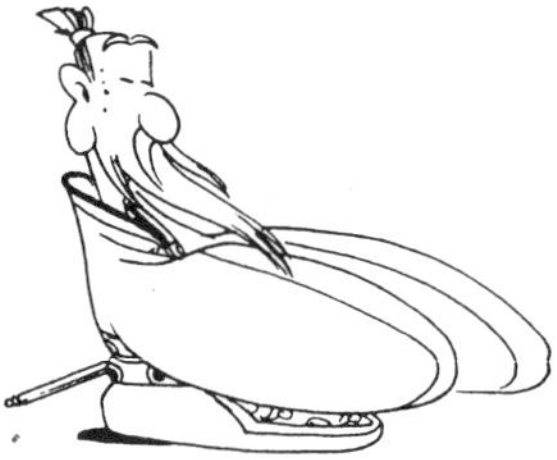

『시경』에 말하기를,
"사람을 칭송함은 진실로
부귀에 의해서가 아니고
다만 남다른 덕행 때문이다."

재경공(齋景公)은 말 사천 필을 가지고 있었다.
그러나 그가 죽을 때, 그를 덕 있는 자라
칭송하는 백성은 한 사람도 없었다.

백이(伯夷)와 숙제(叔齊)는
비록 수양산 기슭에서
굶어 죽었으나
사람들은 지금까지도
그들을 칭송한다.
부귀해서가 아니라
덕을 실행했기 때문이다.

후천적 환경

- 제17편 양화 2장 -

사람들의 본성이란 원래 비슷하나

습관과 교육과 생활 환경이 다르기 때문에

개인의 차이는 갈수록 더욱 커진다.

미덕 속의 폐단

- 제17편 양화 8장 -

인을 좋아하면서 배우기를 싫어하면 우매해지기 쉽고,
지혜를 좋아하면서 배우기를 싫어하면 방탕하기 쉽고,
믿음을 좋아하면서 배우기를 싫어하면 속아서 의를 해치기 쉽고,
정직을 좋아하면서 배우기를 싫어하면 각박하고 박절하기 쉽고,
용맹을 좋아하면서 배우기를 싫어하면 난폭해지기 쉽고,
강직함을 좋아하면서 배우기를 싫어하면 무모해지기 쉽다.

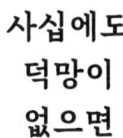

사십에도 덕망이 없으면

- 제17편 양화 26장 -

나이 사십이 되어서도 여전히 악행을 저지른다면

그는 평생토록 좋은 일 한 번 해보지 못하고 그야말로 끝장난 사람이다.

천하에 도가 없는 난세에는
도로써 세상을 바꾸려고
현실에 뛰어든다

- 제18편 미자 6장 -

장저(長沮)와 걸익(桀溺)이 나란히 밭갈이를 하는데
공자가 마침 그곳을 지나게 되었다.

나루터가 어디 있는지 가서 여쭤보거라.

예.

나루터가 어디에 있는지요?

저기 마차 고삐를 쥐고 있는 사람이 누구요?

공자의 제자들

안회(顔回)

자는 자연(子淵).
노나라 사람이며,
공자보다 서른 살 어렸다.

안회는 겨우 스물아홉에 머리가 하얗게 세었고, 서른둘에 죽었다. 그가 죽자 공자는 상심하여 목 놓아 통곡했다.

아! 내가 더는 대도(大道)를 전할 수 없게 되었다. 끝장이다!

스승님…. 너무 비통해 마십시오.

참으로 비통하구나! 안회를 위해 통곡하지 않으면 누구를 위해 통곡하겠느냐?

민손(閔損)

자는 자건(字騫).
노나라 사람이며,
공자보다 열다섯 살 어렸다.

공자가 칭찬하길,
민자건은 진정한 효자다!
부모에게 순종하고,
형제와는 우애가 참으로 깊다.

자건의 부모와 형제는
그를 칭찬하고 다녔는데,
어느 누구도 이의를 달지 않았다.

그는 자기를 지키고 자애하여
권세가의 가신이 되지 않았으며
나라를 망친 임금의 봉록은 받지 않았다.
그래서 계씨(季氏)의 사신에게
이렇게 말했다.

만약 다시 나를
찾아온다면
문수(汶水) 건너
다른 나라로
가버릴 것이오!

염옹(冉雍)

자는 중궁(仲弓).
노나라 사람이며,
공자보다 스물아홉 살 어렸다.
미천한 집안 출신으로,
아버지는 비천한 신분이었다.

"비록 밭 가는 소가 낳은 송아지라도
털이 붉고 뿔이 단정하면
제사에 쓰기에 충분하다
할 것이다."

"사람들은 밭 가는 소의 새끼라 하여 제사에 쓰지 않으려 할지 몰라도"

"산천의 신령들이 그 송아지를 버려 제사의 예를 받지 않으려고 하실까?"

중유(仲由)

자는 자로(子路).
변(卞)나라 사람이며,
공자보다 아홉 살 어렸다.
싸우기를 좋아하며 거칠었으나
공자의 가르침에 감화되었다.
말년에 위(衛)나라 포읍(蒲邑) 대부가 되었고
위나라에 내란이 발생했을 때 전란 중에 죽었다.

> 중유의 학문은 크고도 높고 밝은 경지에 이르렀지만, 심밀(深密), 즉 세밀하고도 심오한 부분에는 아직 미치지 못했다.

> 오래되고 다 떨어진 겉옷에 여우 가죽으로 만든 옷을 입고도 당당히 서서 부끄러워하지 않는 자는 아마 중유밖에 없을 것이다.

재여(宰予)

자는 자아(子我).
노나라 사람이며,
말솜씨가 아주 뛰어났고
제(齊)나라 임치(臨淄)의 대부로 벼슬을 했다.
전상(田常)의 난에 참여한 까닭에
온 가족이 해를 입었다.
공자는 그를 아주 못마땅해했다.

> 인덕 있는 사람은 누가 거짓으로 우물에 빠졌다 해도 뛰어들어 구해내야 하는지요?

> 살려 주세요!

> 왜 그래야 하느냐?
> 군자는 사람을 구하기 위해 우물가로 갈 수 있지만, 우물에 뛰어들지는 않을 것이다.

> 군자가 속을 수는 있어도 사리에 우둔하지는 않다.

복상(卜商)

자는 자하(子夏). 온(溫) 지방 사람이며,
공자보다 마흔네 살 어렸다.
공자가 세상을 떠난 후
위나라 서하(西河) 땅에 머물며
제자들을 가르치다
위나라 문후(文侯)의 스승이 되었다.
훗날 그의 아들이 죽자
상심하여 통곡하다가 눈이 멀었다.

『시경』에 '아리따운 웃음에 애교스런 보조개, 예쁜 눈매에 새까만 눈동자' '하얀 바탕에 고운 무늬를 곁들이는구나'라는 시구는 무엇을 뜻하는지요?

그림을 그릴 때는 먼저 바탕을 그린 다음 채색한다는 말로, 보조개와 까만 눈동자는 채색을 뜻한다.

사람은 먼저 덕을 갖고 그 다음에 예절로 치레한다는 뜻이군요.

네가 나를 일깨워주는구나. 이제 너와 함께 시를 논할 만하겠다!

담대멸명(澹臺滅明)

자는 자우(子羽).
무성(武城) 사람이며, 공자보다 서른아홉 살 어렸다.
아주 못생겼으나 사람은 반듯하고 올바랐으며,
나중에 강남으로 떠날 때 제자 삼백 명이 그를 따랐다,
절대 구차하게 살지 않았고
선택하는 데 확고한 원칙을 세워
맑은 명성이 사방의 제후들에게 알려졌다

자우가 무성의 읍장이 되었다.

그곳에서 너를 도와준 유능한 이가 있었느냐?

담대멸명이라는 자가 있었습니다. 사람됨이 올바르니 규칙을 따르고 작은 지름길로는 다니지 않고

공적인 일이 아니면 제 거처에 절대 찾아오지 않았습니다.

증삼(曾參)

자는 자여(子輿).
노나라 남무성(南武城) 사람이며
공자보다 마흔여섯 살 적었다.
그가 효도에 통달하는 능력이 있다고 인정하며
그 가르침을 전해주었다.
그는 『효경(孝經)』을 지었고,
말년에 노나라에서 죽었다.

증삼아! 내가 평소 강의하는 도를 하나의 이치로 꿰뚫어서 설명할 수 있겠느냐?

네, 스승님.

스승님께서 가르치신 도가 뭐야?

스승님이 가르쳐주신 도의 이치는 두 글자, 바로 충서(忠恕)야!

유약(有若)

자는 자유(子有).
노나라 사람이며 공자보다 마흔세 살 어렸다.
공자가 죽자 모든 제자들은
스승을 그리워했는데,
유약의 생김새가 공자와 비슷하여
그를 스승으로 추천했다.

예를 행할 때는 조화로움을 귀중하게 여겨야 한다.

옛날 성왕(聖王)의 도는 조화로 세상을 아름답게 했다. 크고 작은 모든 일은 바로 이 조화에 근거하여 행해져왔다.

하지만 그렇지 않을 때도 있다.

조화만을 아름답다 여기고 예로써 조절하지 않으면 잘 행해지지 않을 것이다.

남궁괄(南宮括)

자는 자용(子容). 노나라 사람으로,
공자는 자용에 대해 이렇게 말했다.
"나라의 정치가 깨끗할 때는 언제나 관직을 갖고,
나라의 정치가 혼란할 때는 지혜롭게 자신을 지켜서
화를 당하지 않을 것이다."
공자는 형의 딸을 그와 결혼시켰다.

예(羿)는 활을 잘 쏘고 오(奡)는 배를 흔들 정도로 힘이 셌지만, 용감만으로 살다가 제 명에 죽지 못했습니다.

반면 하우(夏禹)와 후직(后稷)은 몸소 밭을 갈면서도 천하를 얻었습니다. 안 그렇습니까?

공자가 대답하지 않자, 자용은 자리에서 물러났다.

저는 진정한 군자로다!
덕을 지닌 사람을 숭상할 줄 아는구나!

공서적(公西赤)

자는 자화(子華).
노나라 사람이며
공자보다 마흔두 살 어렸다.

자화가 제나라 사신으로 떠나자 염유가 자화의 모친을 위해 곡식을 청했다.

열 말이면 되겠는가?

조금 더 주셨으면 합니다.

그렇다면 열여섯 말을 주게나.

염유는 제 마음대로 곡식 팔백 말을 주었다.

자화가 제나라로 갈 때, 살진 말이 끄는 마차를 타고 좋은 가죽옷을 입었다는구나. 군자는 어렵고 재난을 당한 사람들을 구제해줘야지 부유한 자에게 보태주는 것이 아니라고 나는 들었다.

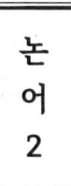

논어 2

- 유학자의 당부 -

지보다 덕

- 제1편 학이 6장 -

젊은이는 집에 들어와서는 효도하고

밖에 나가서는 웃어른을 공경하며,

신중히 행동하고 신의를 지키는 말을 하며

널리 사람을 사랑하되 어진 인물을 가까이 해야 한다.

이렇게 하고도 힘이 남으면 학문에 전심할 것이다.

군자의 태도

- 제1편 학이 8장 -

공자가 말하길, 행동에 무게가 없다면 위엄이 없는 법이니…

놀지 말고 공부! 공부하라고!

네, 네. 헤헤.

그런 사람은 배워도 도리를 이해 못해 견고하지 못하다.

충실과 믿음을 위주로 하며 학식과 도덕이 나보다 못한 사람은 벗으로 삼지 말아야 한다.

또 잘못이 있으면 꺼리지 말고 즉시 고쳐야 한다.

남을 알지 못함을 걱정하다

- 제1편 학이 16장 -

남이 나를 알아주지 않는 것을 걱정하지 말고

내가 남을 알지 못함을 걱정해야 한다.

옛것을 익히고 새것을 배우면

- 제2편 위정 11장 -

말보다 실행

- 제2편 위정 13장 -

자공이 물었다.
"군자는 어떤 사람입니까?"
이에 공자가 말하길,

군자는 말하기 전에 먼저 실행하고

그 후에 말한다.

군자와 소인

- 제2편 위정 14장 -

공자가 말하길,
군자는 두루 친하지만 편파적이지 않고

소인은 편파적이면서 두루 친하지 못한다.

배움과 생각

- 제2장 위정 15장 -

공자가 말하길, 배우기만 하고 깊이 생각하지 않으면 도리를 모르고 어두워서 얻는 것이 없고

책벌레야···

혼자 깊이 생각만 하고, 배우지 않으면 위태로워서 편안하지 않다.

개똥 철학이군!

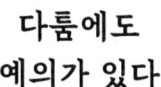

다툼에도 예의가 있다

- 제3편 팔일 7장 -

군자는 다투는 일이 없으니, 있다면 오직 활쏘기 시합뿐이다.

공자가 말했다.

시합 전에는 서로 절하고 양보하며

단에 올라 활을 쏘고

활쏘기가 끝난 후 다시 서로 인사하고 내려와서

진 자에게 벌주를 준다. 서로 다투는 품이 어디까지나 군자답다.

임금과 신하의 도리

- 제3편 팔일 19장 -

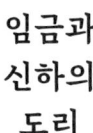

노나라 정공(定公)이 공자에게 묻기를,

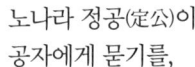

임금이 신하를 부리고, 신하가 임금을 섬기는 데는 어떤 도리를 다해야 합니까?

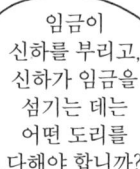

임금은 예로써 신하를 부려야 하며

신하는 충성으로써 임금을 섬겨야 합니다.

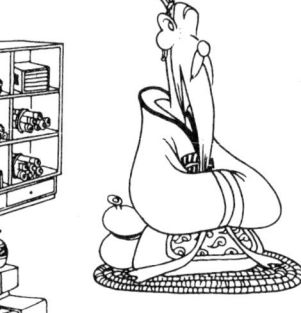

어진 사람의 즐거움

- 제4편 이인 2장 -

공자가 말하길, 도덕을 수양하지 못한 사람은 곤궁한 생활을 오래 견디지 못하며,

사나이가 어찌 평생 가난해야 하나?

안락한 생활도 오래 지속하지 못하지만

이만하면 충분하지.

어진 사람은 사는 동안 인덕(人德)을 가장 큰 즐거움으로 삼고,

지혜로운 사람은 인덕을 가장 이로운 생활 규범으로 삼는다.

어진 자라야
선악을 안다

- 제4편 이인 3장 -

공자가 말하길,
오직 어진 사람만이 남을 제대로 사랑할 줄 알고

선

남을 제대로 미워할 술도 안다.

악

인에 뜻을 세운 자

- 제4편 이인 4장 -

공자가 말하길,
참으로 인(仁)에 뜻을 세운 자는

나쁜 짓을 저지르는 일은
없을 것이니라.

도를 깨달으면

- 제4편 이인 8장 -

이익만 따르면 원망을 산다

- 제4편 이인 12장 -

언행일치

- 제4편 이인 22장 -

군자의 도

- 제5편 공야장 16장 -

공자가 자산을 평하여 말했다.

자산(子産)에게는 네 가지 군자의 도가 있었으니,

몸가짐을 공손히 하였고,

윗사람 섬김에 공경스럽고

백성을 은혜롭게 다스렸으며

백성을 부리는 데 의로웠다.

죄를 미워하되 사람은 미워하지 않아야

- 제5편 공야장 23장 -

백이와 숙제는 타인의 지나간 잘못을 염두에 두지 않았기에,

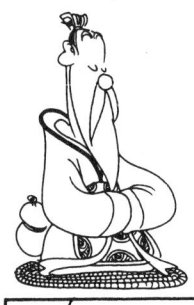

그들에게 원망하는 사람도 드물었다.

참 좋은 분이오.

맞아요.

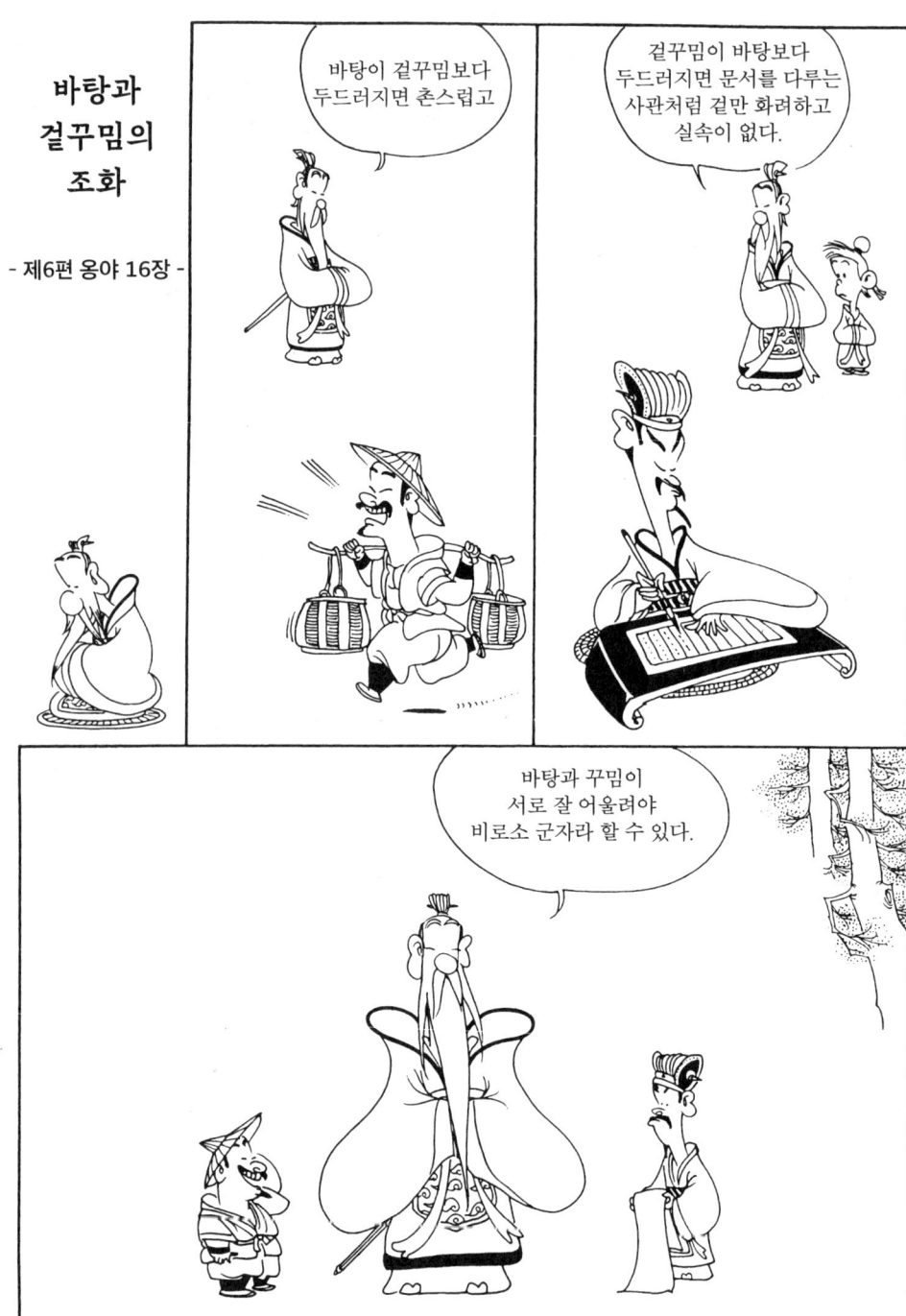

군자와 소인의 차이

- 제7편 술이 36장 -

화이부동

- 제13편 자로 23장 -

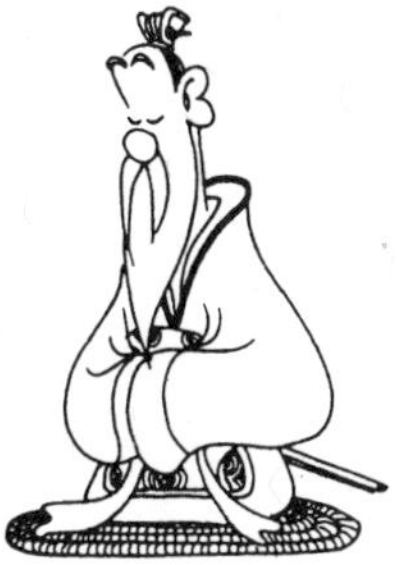

자기 잘못을 깨닫고 고치려 힘써야 한다

- 제15편 위령공 29장 -

자포자기한 인간은 최하등이다

- 제16편 계씨 9장 -

태어나면서부터 저절로 아는 사람은 으뜸이요,

배워서 아는 사람은 다음,

막히자 애써 배우는 사람은 그 다음이고,

막혔는데도 배우지 않으려는 자는 최하급 인간이다.

쿨 쿨

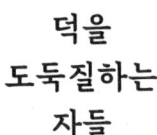

큰 덕과 작은 덕

- 제19편 자장 11장 -

큰 덕의 기본 테두리를 넘지 않으면

사소하다 할 수 있는 작은 덕에는 약간 융통성을 부려도 무방하다.

후기

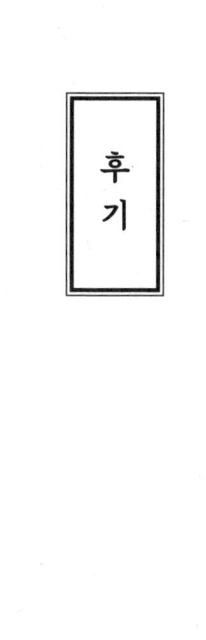

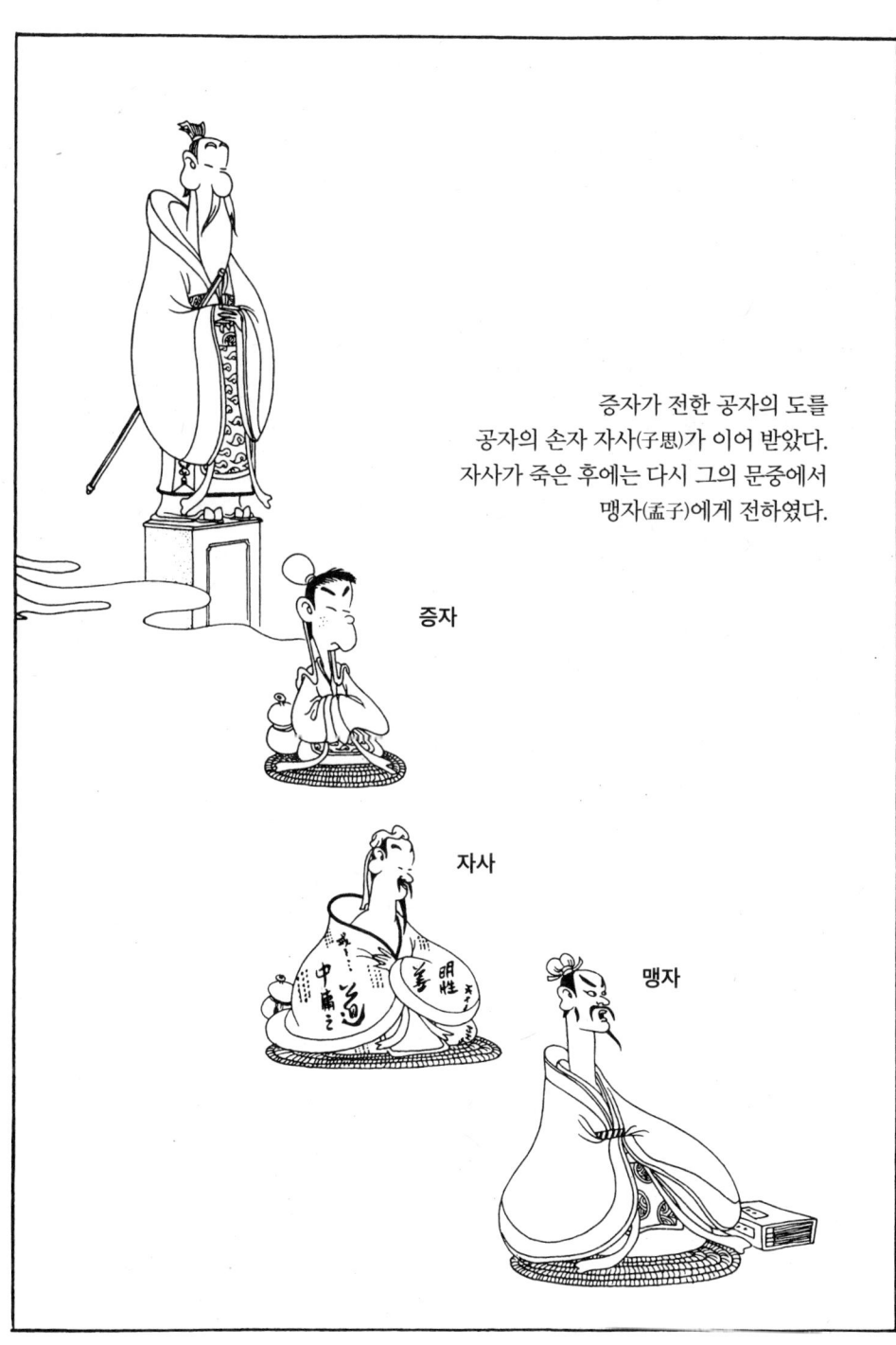